Steve Hoegener

"Die besten Deutschen des Reiches überhaupt" - NS-Propaganda im besetzten Luxemburg

GRIN - Verlag für akademische Texte

Der GRIN Verlag mit Sitz in München hat sich seit der Gründung im Jahr 1998 auf die Veröffentlichung akademischer Texte spezialisiert.

Die Verlagswebseite www.grin.com ist für Studenten, Hochschullehrer und andere Akademiker die ideale Plattform, ihre Fachtexte, Studienarbeiten, Abschlussarbeiten oder Dissertationen einem breiten Publikum zu präsentieren.

Dokument Nr. V92648 aus dem GRIN Verlagsprogramm

Steve Hoegener

"Die besten Deutschen des Reiches überhaupt" - NS-Propaganda im besetzten Luxemburg

GRIN Verlag

Bibliografische Information der Deutschen Nationalbibliothek: Die Deutsche Bibliothek
verzeichnet diese Publikation in der Deutschen Nationalbibliografie; detaillierte bibliografische Daten sind im Internet über http://dnb.d-nb.de/ abrufbar.

1. Auflage 2006
Copyright © 2006 GRIN Verlag
http://www.grin.com/
Druck und Bindung: Books on Demand GmbH, Norderstedt Germany
ISBN 978-3-638-95097-8

Universität Trier

Fachbereich: Germanistik/ Germanistische Linguistik

Hauptseminar: Sprachgeschichte im 20. Jahrhundert

Steve Hoegener

Fächerkombination:

Geschichte/Germanistik

SS. 2005

„die besten Deutschen des Reiches überhaupt"
NS-Propaganda im besetzten Luxemburg

Inhaltsverzeichnis

1. Einleitung

Am 10 Mai. 1940 begann die Offensive des Deutschen Reiches gegen Frankreich, in deren Zuge auch die Niederlande, Belgien und Luxemburg von der Wehrmacht überrannt wurden. Kurz nach der Hundertjahrfeier der Unabhängigkeit, die 1939 mit Begeisterung und großer Anteilnahme der Bevölkerung begangen worden war, war man wieder besetzt... das zweite Mal innerhalb eines Vierteljahrhunderts. 1870 blieb Luxemburg die Invasion erspart. „Any growing concept of national identity was (...) put to its real test (...) by the outbreak of the Franco-Prussian War"[1]. Die Bevölkerung zeigte sich damals wenig begeistert von Preußens militärischen Erfolgen. „The German press in retaliation mounted a campaign laying claim to Luxembourg, but (...) the Luxembourgers awareness of their own national identity had grown so greatly that at the end of the war (1871), Prussia (...) was unable to gain any political control of the grand duchy."[2] Doch 1914 waren die Truppen des wilhelminischen Deutschland unter Verletzung der von Bismarck 1867 im Vertrag von London zugesicherten Neutralität einmarschiert und hatten das Oberkommando der westlichen Streitkräfte in der Stadt Luxemburg eingerichtet. So unangenehm die Erfahrung auch war, der luxemburgische Staat blieb damals unangetastet.[3] Vielleicht auch weil die junge Großherzogin Marie-Adelheid, zur Entrüstung der dem deutschen Militär nicht eben wohlgesinnten Bevölkerung und der politischen Opposition, Kooperationsbereitschaft mit dem Besatzer zeigte. Das Resultat war die Entzweiung der Gesellschaft nach dem Krieg und die Gefährdung der Eigenständigkeit des kleinen Landes. Die „Entente [beschuldigte] die luxemburgische Regierung und die Großherzogin (...) deutschfreundlichen Verhaltens"[4] und „Aufständische riefen im Januar 1919 die Republik aus."[5] Die Krise wurde am 28. September 1919 durch ein Referendum gelöst, in welchem mit großer Mehrheit für die bis heute gültige Staatsform einer parlamentarischen Monarchie gestimmt wurde. „Die Bedrohung der nationalen Unabhängigkeit durch die Entente, aber auch durch die erneuten Annexionsgelüste Belgiens und Frankreichs, forderten die

[1] Newton, Gerald: Luxembourg: The Nation. In: Luxembourg and Lëtzebuergesch. Language and Communication at the Crossroads of Europe. Hrsg. v. Gerald Newton. Oxford: Clarendon Press 1996, S. 13.
[2] Ebd.
[3] Vgl. ebd., S.16.
[4] Dostert, Paul: Luxemburg zwischen Selbstbehauptung und nationaler Selbstaufgabe. Die deutsche Besatzungspolitik und die Volksdeutsche Bewegung 1940-1945. Inaugural-Diss. Zur Erlangung der Doktorwürde der Philosophischen Fakultät der Albert-Ludwigs-Universität zu Freiburg i.Br.. Luxembourg: Imprimerie Saint-Paul 1985, S.22.
[5] Ebd., S. 23.

4

Luxemburger geradezu heraus, ihren Unabhängigkeitswillen zu demonstrieren. (...) [Und dieser hatte sich nun] deutlich und unmissverständlich nach außen hin gezeigt."[6]

Die Bewältigung dieser Krise schien ein wichtiger Schritt hin zur Nationwerdung der Luxemburger darzustellen, eine Entwicklung, die langsam im späten 19. Jahrhundert einzusetzen begonnen hatte und deren Voraussetzung zweifellos durch das Resultat der belgisch-luxemburgischen Revolution von 1830-39 zustande gekommen war. 1839 „fielen die Markgrafschaft Arlon und die Grafschaft Bouillon an Belgien. Damit verlor das neugeschaffene Großherzogtum sein letztes französischsprachiges Gebiet, was die luxemburgische Sprachlandschaft grundlegend veränderte"[7], das Land war nun „monolingual und monoglossisch."[8] Man wusste zwar nicht so recht was man da sprach und so blieb die Mundart 145 Jahre lang eine gesetzlich nie anerkannte Landessprache, seit 1848 aber „ist in allen Verfassungen (...) die freie Wahl zwischen dem Französischen und dem Hochdeutschen festgeschrieben."[9] Identitätsstiftend wurde aber mehr und mehr der Dialekt, so dass das erste Mal 1896 der Abgeordnete C.M. Spoo das Luxemburgische –absolut erfolglos- als dritte, ebenbürtige Parlamentssprache durchzusetzen versuchte.[10]

Sind wir eine Nation? Sprechen wir eine Sprache oder einen Dialekt? Sind wir Deutsch? Sollen wir uns Belgien oder Frankreich anschließen? Was ist ein Luxemburger? Das Gezerre um diese Fragen ging in den nächsten Jahrzehnten weiter. Und es ist zu bezweifeln, dass vor 1939-40 die Luxemburger in ihrer großen Mehrzahl sich als einer luxemburgischen Nation zugehörig gefühlt haben[11], obwohl es, wenn auch politisch unbedeutende, rechtsnationale Gruppierungen gab. Die Masse der Luxemburger konnte höchstens diffus und durch Abgrenzung artikulieren was man nicht war und dass die Unabhängigkeit doch irgendwie von Vorteil war. Sprachlichen Ausdruck findet dieses Gefühl in dem 1859 uraufgeführten und seitdem zur inoffiziellen zweiten Nationalhymne gewordenen Lied des Michel Lentz (1820-1893) *D'Lëtzebuerger* (im Volksmund nur als *De Feierwon* bekannt).[12] Die letzte Strophe lautet: *Kommt dier aus Frankräich, Belgie, Preisen,/ Mir wëllen iech eis Hemecht weisen!/*

---

6   Ebd.
7   Hoffmann, Fernand: 1839-1989: Fast 150 Jahre amtlicher Zwei- und privater Einsprachigkeit in Luxemburg. Mit einem nationalsozialistischen Zwischenspiel. In: Germanisch und Romanisch in Belgien und Luxemburg. Romanistisches Kolloquium VI. Hrsg. v. Wolfgang Dahmen, Günter Holtus, Johannes Kramer u.a. Tübingen: Narr 1992, S. 150.
8   Ebd.
9   Ebd., S. 151.
10 Vgl. ebd., S. 152.
11 Siehe dazu die Zeitzeugenaussagen in der Doku *Heim ins Reich* (L, 2004) von Claude Lahr.
12 Vgl. Newton, Gerald: Lëtzebuergesch and the Establishment of National Identity. In: Luxembourg and Lëtzebuergesch. Language and Communication at the Crossroads of Europe. Hrsg. v. Gerald Newton. Oxford: Clarendon Press 1996, S. 182.

Frot dir no alle Säiten hin:/ Mir wëlle bleiwe wat mer sin![13] „The final verse (…) featured the Rhineland's post-1815 slogan of resistance to the Prussians, *Wir wolle bleibe was wir sin*"[14].

Mit dem Ausdruck eines gewissen, allgemeinen Stolzes in einem Volkslied sind aber die vorher angedeuteten Fragen und Konflikte keineswegs behoben. Die Nazis griffen in ihrer Propaganda u.a. das Sprach- und Identitätsproblem der Luxemburger immer wieder auf. Und schon bald nach dem Einmarsch sollte deutlich werden, dass die Besatzung diesmal anders verlaufen würde als im Ersten Weltkrieg. „L'instrument principal de la politique de germanisation des nationaux-socialistes fut sans aucun doute le „Volksdeutsche Bewegung", dont l'animateur et le guide sera le professeur Kratzenberg."[15] Man würde versuchen Luxemburg mit der „Heim ins Reich"-Bewegung zu einem integralen Bestandteil des nationalsozialistischen Deutschlands zu machen. Dabei spielte natürlich die Propaganda eine eminente Rolle. „Der Kampf um die Massen ist zunächst ein Kampf um deren Köpfe."[16]

Bei der Untersuchung der Diskurse und textuellen Strategien, die verwendet wurden um die Luxemburger „ins Reich" zu führen, verwende ich das Buch von Victor Delcourt: *Luxemburg unter dem Hakenkreuz.*[17] Dort befinden sich Texte der Zivilverwaltung abgedruckt, Verordnungen und deren Begleittexte in der Presse, sowie Reden; aber das Buch ermöglicht auch einen Einblick in die alltägliche Sprachpraxis im Nationalsozialismus.

2. Erste Phase der Besatzung – Eure Sprache sei Deutsch!

Die in Luxemburg eingerichtete Feldkommandatur der Wehrmacht hatte sich im großen Ganzen damit abgefunden das okkupierte Gebiet zu verwalten; sie erklärte, dass aufgrund der Hilfeanforderung der geflohenen Regierung an die Alliierten Luxemburg „grundsätzlich als feindliches Land zu behandeln" (LH., S. 24) sei. „Es gibt keine von uns anerkannte luxemburgische Regierung mehr." (ebd.) Die Zeitungen unterlagen sofort der Zensur und erschienen erst am 17. Mai 1940 wieder, nachdem sie gleichgeschaltet worden waren, d.h. die Direktoren und unbequeme Redakteure wurden verhaftet und nach Deutschland abgeführt, um durch Reichsdeutsche ersetzt zu werden (vgl. ebd. und S.26f.). Der öffentliche Sprachgebrauch der Feldkommandatur unterschied sich nicht von dem der luxemburgischen

---

[13] Zitiert: ebd.
[14] Ebd.
[15] Blau, Lucien: Histoire de l'extrême-droite au Grand-Duché de Luxembourg au XXe siècle. Esch-sur-Alzette: Polyprint 1998, S.463.
[16] Ehlich, Konrad: Über den Faschismus sprechen – Analyse und Diskurs. In: Sprache im Faschismus. Hrsg. v. Konrad Ehlich. Frankfurt am Main: Suhrkamp 1995³, S. 15.
[17] Delcourt, Victor: Luxemburg unter dem Hakenkreuz. Erinnerungen an die Kriegsjahre 1940-1944. Luxemburg: Éditions Emile Borschette 1988. Zitate aus dem Buch werden nur wie folgt angegeben: (LH., *Seitenzahl*).

6

Regierung, es wurden „keine sprachenpolitischen und ideologischen Ziele verfolgt"[18]; Plakate wurden in der Regel zweisprachig verfasst und angebracht. „Mit der Okkupation hatte man sich mit innerem Grollen abfinden müssen."(LH., S. 47) Doch die Hoffnung, sie würde ähnlich verlaufen wie im Ersten Weltkrieg, wurde spätestens am 5. August zerstört, als der kurz vorher zum Chef der Zivilverwaltung ernannte Gustav Simon, Gauleiter des Gaues Koblenz-Trier, den Einmarsch der deutschen Polizei in Luxemburg würdigte. „Die Abwendung von der Militärverwaltung und die Hinwendung zur Zivilverwaltung war Ausdruck einer besonderen deutschen und nationalsozialistischen >Aufmerksamkeit< für (...) [Luxemburg], die das Land stärker als nur verwaltungsmäßig unter den Einfluß des »Neuen Europa« -so lautete die ideologische Vorgabe für die besetzten Länder des europäischen Norden und Nordwesten- bringen sollte."[19] Es war Simons erster öffentlicher Auftritt und dieser war in einigen Punkten schon richtungsweisend für die Propaganda mit der Luxemburg in den nächsten Jahren überzogen werden würde: *„Es wird euch, Männer der Polizei, bekannt sein, daß Ihr hier nicht zu einer Bevölkerung kommt, die Deutschland entgegengesetzt ist, denn das Land Luxemburg ist altes deutsches Siedlungsgebiet. Die Bevölkerung dieses Landes ist deutschstämmig, sie ist moselfränkisch, genau wie die Bevölkerung von Trier und von unserem schönen Moselland. Lassen Sie sich daher nicht täuschen von dem äußeren französischen Firnis, der nur künstlich aufgetragen ist. Ich verspreche Ihnen, daß dieser französische Firnis, diese jämmerliche Tünche, in wenigen Wochen spurlos verschwunden sein wird."* (LH., S. 49)

In der ersten Phase der Besatzung war die Zivilverwaltung vor allem darum bemüht zu beschwichtigen und zu schmeicheln. Die Wehrmacht und die Nazis wurden als Befreier einer „rassisch wertvolle[n], anständige[n] und tüchtige[n] Bevölkerung" und einer „schönen und gepflegten Stadt" (ebd.) dargestellt.

Von Anfang an wurden die Luxemburger als Deutsche behandelt, denen der „französische Imperialismus" (ebd.) „nicht zugemutet werden" (ebd.) könne. Die Texte aller Art sind gekennzeichnet durch wiederholte *Hetze* gegen Frankreich und, stets daran gekoppelt, der Betonung des deutschen Volkstums Luxemburgs. Als Gegensatz zum „französischen Imperialismus" kristallisiert sich im Text der „tägliche(n) und tätige(n) Drang zu Adolf Hitler, der Deutschland frei und groß und stark gemacht hat" (ebd.) heraus.

Die Größe, die wirtschaftlichen Möglichkeiten, die militärische und politische Macht Deutschlands sollen wie eine *Verheißung* für das neu eingegliederte Luxemburg im

---

[18]   Hoffmann: 1839-1989, S. 156.
[19]   Sauer, Christoph: Nazi-Deutsch für Niederländer. Das Konzept der NS-Sprachpolitik in der *Deutschen Zeitung in den Niederlanden* 1940-1945. In: Sprache im Faschismus. Hrsg. v. Konrad Ehlich. Frankfurt am Main: Suhrkamp 1995³, S. 255f.

zukünftigen nationalsozialistischen Europa wirken.[20] Ein wichtiges Merkmal des nationalsozialistischen Redehabitus sind die „illokutiven Wirkungsmechanismen des *Versprechens*"[21], wie beispielsweise am Ende des oben zitierten Textausschnittes zu sehen ist. Es war dies ein Versprechen, das Simon am 7. August sofort einlöste, nämlich mit der *Verordnung über den Gebrauch der deutschen Sprache in Luxemburg* (Vgl. LH., S. 50f.), welches aber bei einer bestimmten Gruppe von Adressaten sicherlich eher wie eine *Drohung* klang, freilich noch weniger explizit als in späteren Texten.

Simon bediente sich des Weiteren in seiner Propaganda durchaus eines zweischneidigen Schwertes wenn er von den Luxemburgern ein Bild entwarf, das in seinen Grundlinien ihrer Selbstbeschreibung entspricht. Er verfolgte damit eine Linie, wie sie von den Nazis auch in den benachbarten Niederlanden angewandt wurde.[22] Der Begleittext zu der eben genannten Sprachverordnung gibt dafür ein gutes Beispiel ab.

Dem Verfasser ging es darum, zuerst eine Antipathie gegen Frankreich beim Leser zu erwirken. Das ganze wirkt lächerlicher, wenn man den Kontext vor Augen hat: „*Zu allen Zeiten haben übermütige Sieger versucht, unterworfenen Völkern ihre Sprache aufzuzwingen. Besonders oft sind solche Versuche von Frankreich ausgegangen. Sie stießen aber stets auf den Widerstand jener Volkskreise, die beseelt waren von dem Streben: Wir wollen bleiben, was wir sind.*" (LH., S. 50)

Der Leser soll natürlich die „übermütigen Sieger" mit Frankreich identifizieren und mit dem eingedeutschten Wahlspruch Luxemburgs (*Mir wëlle bleiwen waat mir sinn*) schlußfolgern: das Reich hat uns gerettet. Im Rest des Textes wird dieser Gedanke wiederholt und vertieft. Es ist die Rede vom „Imperialismus" einer „verniggerten Nation", Luxemburg sei der „Papagei Frankreichs", „Lakai des kulturell heruntergekommenen Franzosentums". Zum Schluss wendet der Gauleiter sich „an den Stolz", „*besonders aber an die luxemburgische Jugend: Bleibt, was Eure Ahnen waren! Sprecht deutsch wie Eure Vorfahren! Schluß mit dem fremden Kauderwelsch! Eure Sprache sei deutsch und nur deutsch.*" (ebd.) Diesmal ist der Wahlspruch etwas abgewandelt, seine Bedeutung aber ist darum umso deutlicher umgepolt. Ein Eiertanz ist dieses Prozedere deshalb, weil der Text den luxemburgischen Nationalismus aufgreift und für andere Zwecke zu gebrauchen versucht. Der Schuss kann nach hinten losgehen, wenn der Adressat das Nazi-Deutsch durchschaut und stattdessen das „unterworfene Volk", den „Widerstand" und den Wahlspruch aus dem Text herausfiltert und auf seine eigene Weise interpretiert. Das kann z.B. passieren wenn der Leser die Umpolung

---

[20] Vgl. Ehlich: Faschismus, S. 22f.
[21] Ebd., S. 23.
[22] Vgl. Sauer: Nazi-Deutsch, S. 266.

des Wortes *Stolz* nicht mitmacht, an den Simon sich wendet. Denn die Luxemburger sind in der Regel stolz auf ihre von den Nazis abwertend gekennzeichnete „Doppelkultur" (siehe HL., S. 55) und vor allem auf ihre Sprache, die hier als „Kauderwelsch" verunglimpft wird.

Die explizit angesprochene „luxemburgische Jugend", insbesondere wohl der Teil, der in Organisationen nationalsozialistischer Ausrichtung wie etwa der „Sturmschar", „Letzeburger Jugendverband", „Jong-Front"[23], „Sturmtrupp Lützelburg"[24] oder der nationalistischen Bewegung „Jongletzebuerg"[25] aktiv war, stellte ein Reservoir da, aus dem man freiwillige Mitarbeiter zu rekrutieren hoffte und dies sicherlich auch konnte. Es waren dies zwar keine Organisationen mit großem Zulauf, doch standen sie oft ideologisch in der Nähe der Besatzer –Hetze gegen Rationalismus, die Intellektuellen, die Juden und den Kapitalismus, Lob des Bauerntums im Sinne einer Blut-und-Boden-Ideologie[26]- und verschiedene Gruppen sahen tatsächlich in Deutschland den Retter der luxemburgischen Kultur. Das Problem mit diesen Gruppen war aber, dass sie, wie schon ihre luxemburgische Namensgebung oder der Schlachtruf *„Letzeburg de Letzeburger"*[27] zeigen, einen extremen luxemburgischen Nationalismus vertraten, der mit den Interessen der Besatzer kollidieren musste und sich schwerlich in Deutschtümelei umwandeln ließ. Schon 1936 hatte ein „Letzeburger Jugendverband" in Esch-sur-Alzette keine Probleme mit „faschistischen und judenfeindlichen Tendenzen"[28], doch scheiterten Annäherungsversuche der Deutschen daran, „daß die Führer dieses Jugendverbandes unbedingt an der `Unabhängigkeit` festhalten wollten und den großdeutschen Gedanken ablehnten."[29]

Die Nazis wussten natürlich Bescheid über die verschiedenen gesellschaftlichen und politischen Strömungen in Luxemburg und versuchten für jeden ein bisschen attraktiv zu sein. Solange es ihnen opportun erschien, griffen sie selbst alle Themen auf, die den verschiedensten Sphären der Gesellschaft am Herzen lagen. Ein Beispiel ist natürlich die typische Judenhetze, wie sie die Luxemburger sowieso schon aus dem erzkonservativen, katholischen und auflagenstarken *Luxemburger Wort* kannten[30]. Simon konnte in Bezug auf die weitverbreitete antisemitische Stimmung im Volk behaupten: *„Die in Luxemburg erfolgte Einführung der Judengesetze war glücklicherweise kein Problem, da die luxemburgische*

---

[23] Vgl. Blau: Histoire, S. 376-385.
[24] Vgl. Ebd., S. 455ff.
[25] Vgl. Ebd., S. 208ff.
[26] Vgl. Ebd., S. 354ff. *Mächtig ziehen sich durch Werden und Gedeihen, Schicksal und Geschichte eines Volkes die beiden Hauptströme am Quell der nationalen und völkischen Kraft: Bauerntum und Handwerk. Eine Rückkehr zu normalen Zeiten kann nur gleichbedeutend sein mit einer Rückkehr zur Scholle, zur Kraft der Erde"* (zitiert ebd.: S. 357).
[27] Ebd., S. 384.
[28] Ebd., S. 383.
[29] Ebd.
[30] Vgl. Ebd., S. 140ff.

Bevölkerung es aus Sauberkeitsgründen für unerträglich hält, neben den Juden zu leben und zu arbeiten. " (LH., S. 77) Ein anderes die untypische und widersprüchliche Sprachenpolitik des Gauleiters: „Die luxemburgische Mundart wird nicht verboten werden." (ebd.) Die Nazis brachten 1941 sogar eine Neuedition des luxemburgischen Nationalepos *Renert* (1872) heraus, freilich stark zensiert ob der bissig satyrischen, antimilitaristischen und antipreussischen Töne.[31] Untypisch ist dieser Schritt deshalb, weil die NSDAP, allen voran Männer wie Hitler und Goebbels regionale Kulturbewegungen und Mundartpflege als föderalistisch, ja „separatistisch" ablehnten.[32]

Gleichzeitig griff die Zivilverwaltung tief in die Sprachgewohnheiten der Luxemburger ein. Verboten, so eine Verordnung, wurden die „einzelnen französischen Ausdrücke(n) wie „bonjour", „bonsoir", „merci", „pardon", „Madame", „avoir = au revoir" usw." (LH., S. 122) Die „überkommenen Orte phathischer Kommunikation [wurden] faschistisch überformt"[33]: „So ist auch der deutsche Gruß `Heil Hitler` anzuwenden, worin die Liebe zum Führer, das Zusammengehörigkeitsgefühl aller Deutschen und der ständige Einsatzwille für die Ziele des Führers zum Ausdruck kommt." (LH., S. 123) Im Alltag sah es für die Luxemburger dann etwa folgendermaßen aus: „Wir hatten uns in der Allgemeinen Ortskrankenkasse mittlerweile abgewöhnt, uns überhaupt zu grüßen (...). Wenn sich am Morgen gegen acht Uhr unsere Wege kreuzten, nickten wir (...) lediglich mit dem Kopf und lächelten einander zu – das war alles." (ebd.) „Für diejenigen, die sich aktiv verweigerten, wie für jene, die versuchten, sich aus den Anforderungen herauszuhalten, schlug das sprachliche Handeln zunächst in *sprachliches Leiden* um. (...) Ausdruck dieses Leidens ist vor allem das *Schweigen.*"[34]

3. Brücken in die Vergangenheit und Luxemburgs Zukunft

Auffällig in den propagandistischen Texten ist der stets mit Stolz unterstrichene Verweis auf die Vergangenheit Luxemburgs und die scheinbar widerspüchliche, genau so oft wiederholte Aussage, die „Vergangenheit sei für immer tot" (LH., S. 56). Das liegt daran, dass es für die Nazis zwei verschiedene Vergangenheiten gab und in den Texten sollen „Erinnerungen (...) an die Zeit vor der Besetzung möglichst ausgelöscht werden"[35]. Simon sagte dies ganz

---

[31] Vgl. Hilgert, Romain: E Buch a Maansgréisst. In: Méchel Rodange: Renert. De Fuus am Frack an a Maansgréisst. Luxemburg: Editioun Guy Binsfeld 1987, S. 4.

[32] Vgl. Wirrer, Jan: Dialekt und Standardsprache im Nationalsozialismus – am Beispiel des Niederdeutschen. In: Sprache im Faschismus. Hrsg. v. Konrad Ehlich. Frankfurt am Main: Suhrkamp 1995³, S. 95f.

[33] Ehlich: Faschismus, S. 21.

[34] Ebd., S. 26.

[35] Sauer: Nazi-Deutsch, S. 259.

10

explizit: „Die hundert Jahre von 1839 bis 1939 sind für Luxemburg bedeutungslos." (LH., S. 120) Nützlich erscheint den Nazis alles, was Hass gegen die Alliieerten schüren könnte. Nationale Mythen wie der Klöppelkrieg gegen die napoleonischen Besatzungstruppen kamen ihnen ganz gelegen, doch der propagandistische Missbrauch provozierte oft Äußerungen des Widerstands. „Die Volksdeutsche Bewegung hatte am 1. September Plakate mit der Aufschrift „Luxemburger, vergeßt Eure Helden nicht! Klöppelkrieg 1798!" aushängen lassen. Vater berichtete, daß an einigen Anschlagflächen oben mit schwarzer Kreide „1914 bis 1918" und weiter unten „1940" hineingeschrieben worden war." (LH., S. 61) Das Erinnern an die Vorkriegszeit wurde, sofern es möglich war, mit allen Mitteln unterbunden. Da die Möglichkeit sich sprachlich zu äußern nicht mehr gegeben war, verlagerte sich der Protest auf Symbole. „Eine Gruppe von Patrioten (...) gaben in ihren Reihen die Parole aus, Anstecknadeln mit luxemburgischen Wappen, die gleichen, die bei der Jahrhundertfeier 1939 getragen worden waren, als Symbol der Freiheit und des Widerstandes an ihre Rockaufschläge zu heften" (LH., S. 53). Doch der „sogenannte „Spéngelskrich"[36] war (...) bald im Keime erstickt, und die Gestapo nahm zahlreiche Verhaftungen vor." (ebd.) Die sprachliche Gewalt schlug schnell in physische Gewalt um.

Ihr fielen z.B. auch Denkmale zum Opfer wie die „Gëlle Fra" in der Hauptstadt, errichtet zur Erinnerung an die ca. 2500 Luxemburger, die auf Seiten den Ententemächte im Ersten Weltkrieg gefallen waren. Der spontane Protest von Gymnasialschülern und Passanten wurde von VdB-Schlägern und Gestapo niedergeknüppelt. (vgl. LH., S. 77) In der Zeitung war später zu lesen: „*Wo in der Vergangenheit ein Denkmal für die Verräter gestanden hat, die als französische Legionäre kämpften, wird in Zukunft auf dem gleichen Platz ein Denkmal für Johann von Böhmen stehen, und die Luxemburger Jugend wird hinpilgern zum Grabe dieses großen Soldaten, der im Kampf gegen England gefallen ist.*" (LH., S. 104) Wieder wurde auf eine für die Luxemburger fast mythische Gestalt zurückgegriffen, Johann von Böhmen, Graf von Luxemburg, bekannt als *Jang de Blannen* (Johann der Blinde) der 1346 in der Schlacht von Crécy gefallen war, ironischer Weise auch *für* Frankreich. Wichtig für die Nazis war aber nur, dass Johann Vater eines Deutschen Kaisers und „gegen England" ins Feld gezogen war. Die Kraft seines Mythos` sollte auf das Dritte Reich übergehen und Luxemburg zu einem „starke[n] Bollwerk der Grenzlandtreue" (ebd.) machen.

Die Auslöschung und das Lächerlichmachen der „klein[en] und verwerflich[en]" (LH., S. 98) Erinnerung Luxemburgs „an die ehemalige `Eigenstaatlichkeit` dieses Landes und das

---

[36] *Spangenkrieg*, eine Anlehnung an den Klöppelkrieg

gekrönte Haupt für seine 300 000 Menschen" durch „unverbesserliche Elemente" (ebd.) geht einher mit dem zukunftsweisenden „Glaube[n] an Großdeutschland und den Führer" (ebd.), den die „Deutschen in Luxemburg erfaßt hat." (LH., S. 99) Die Luxemburger als Deutsche zu bezeichnen wird dann legitimiert durch einen Rückgriff auf bevorzugt mittelalterliche Geschichte, die „Schicksalsgemeinschaft des deutschen Kaiserreichs" (LH., S. 110), wie es der Schriftsteller und Kollaborateur Norbert Jacques in einem Aufruf an die Jugend formulierte. Und auf die Zukunft deutend: „Jetzt wird ihm [d.h. dem Volk] wieder die Möglichkeit offenstehen, so starke Kräfte ins Leben der Nation zu setzen wie diejenigen, zu denen das Mittelalter Luxemburg befähigte." (ebd.)

Auf der ersten Großkundgebung des Gauleiters am 23. September 1940 sah das so aus. Der Gauleiter gab auf das Sprachen- und Identitätsproblem der Luxemburger die von den Nazis bevorzugten „klaren" Antworten: „Luxemburg ist ein deutsches Land. Da die Bevölkerung Luxemburgs deutsch ist und deutsch spricht, muß und wird sie als deutsche behandelt werden." (LH., S. 71) Diese Behauptung wurde folgendermaßen untermauert: „[I]ch glaube, daß die Luxemburger jahrhundertelang mit die besten Deutschen des Reiches überhaupt gewesen sind. Das ist keine Phrase, sondern geschichtlich nachweisbar." (ebd.)

In einem Zeitungstext zu einer der vielen sogenannten Großkundgebungen und Aufmärsche in Luxemburg Stadt -auch besetzte Gebiete wurden „mit einer Narkotik von Festlichkeit überzogen"[37]- heißt es: „*Luxemburg habe, so fuhr Professor Kratzenberg fort, dem Reich Kaiser, Bischöfe und Gelehrte gegeben. Auf Grund dieser Geschichte sei das Bestreben, sich diesem großen Reich anzuschließen, absolut nichts Ungewöhnliches.*" (LH., S. 56) Geschlossen wird dieser Artikel mit dem Verweis, dass das Volk „von seiner Herrscherin und seiner Regierung verlassen wurde" und nun der „Weg in eine bessere Zukunft" mit dem „großen Vorbild Adolf Hitler" (ebd.) zu beginnen habe.

Dieses Verfahren ist immer wieder, z.B. 1942 bei der Neujahrsrede des Gauleiters zu beobachten; Glanz und Gloria des Mittelalters werden heraufbeschworen und mit der „großen" Zukunft unter Hitler verknüpft. Die Überschrift der Rede ist programmatisch: „Luxemburgs Zukunft abhängig von Deutschlands Sieg" (HL., S. 151). Der Verweis auf den „demokratischen Verfallsstaat" (ebd.) soll Erinnerungen an die unschönen politischen Wirren der Vorkriegszeit wachrufen. Gleichzeitig wird die Großherzogin als Teil der politischen Vorkriegsordnung –und von der Bevölkerung immer wieder als Garant und Symbol der Unabhängigkeit angesehen[38]- diffamiert. Aber „[l]es attaques répétées que lance le Gauleiter Simon à l`égard de la personne de la Grande-Duchesse ne font que faire venir de l`eau au

---

[37] Ehlich: Faschismus, S. 20.
[38] Vgl. Blau: Histoire, S. 498ff.

moulin de la campagne [de la résistance] visant à mythifier la Grande-Duchesse."[39] Vor allem im rechtsgerichteten und katholischen Widerstand vermischen sich der Kult um die Herrscherin als Mutter des Volkes mit dem traditionellen Marienkult.[40] Um 1942, nach dem Beginn des Vernichtungskrieges im Osten, kommt ein neues propagandistisches Element hinzu, das Heraufbeschwören einer dunklen Zukunft unter Stalins Herrschaft, die Zerstörung aufkeimender Hoffnung nach ersten Niederlagen der Wehrmacht gegen die Rote Armee: „Glaubt aber auch nur ein real denkender Luxemburger, daß Stalin nach einem sowjetischen Sieg die einstige Regentin Charlotte als ebenbürtige Genossin ansehen und als bolschewistische Funktionärin für Luxemburg einsetzen würde?" (ebd.) Hoffnung bietet nur das Reich und jeder Widerstand gegen Deutschland führt in den Abgrund stalinistischer Herrschaft, so die „Kampfparole" Gustav Simons. Angst schüren vor dem „Bolschewismus", in den Texten wird dies mit der zunehmend schlechten Lage an der Ostfront eine der Strategien um im stark katholisch geprägten Luxemburg Soldaten für die Wehrmacht und die Waffen-SS zu gewinnen. Man versuchte den Katholizismus zu instrumentalisieren, doch der Glaube und besonders die „Trösterin der Betrübten" wurde[n], so wie die Großherzogin im Exil, zum Inbegriff des einheimischen Patriotismus und der Sehnsucht nach Wiedererlangung von Freiheit und nationaler Unabhängigkeit."[41]

4. Einführung der Wehrpflicht und Scheitern des Gauleiters

Die Einführung der Wehrpflicht wäre einfach zu rechtfertigen gewesen, hätten die Luxemburger die sogenannte „Personenstandsaufnahme vom 10. Oktober 1941" im Sinne des Gauleiters ausgefüllt und sich zu Deutschen erklärt. (vgl. LH., S. 132ff) Sowohl der Umfragebogen, wie auch Zeitungsartikel waren daraufhin ausgelegt, möglichst wenig Spielraum beim Beantworten der Fragen zu lassen.[42] In der Zeitung war z.B. zu lesen: *„Die luxemburgische Mutter schreibt ihrem Sohn deutsche Briefe, ob er auch in Paris ist oder in den Kolonien, und die luxemburgische Tochter in Brüssel schreibt ihrer Mutter daheim hochdeutsch. Also: unsere `Sprache` ist keine Sprache, sondern eine unbestritten deutsche Mundart. Die Formulare müssen mithin folgendermaßen ausgefüllt werden: Jetzige Staatsangehörigkeit: Luxemburger, Muttersprache: deutsch, Volkszugehörigkeit: deutsch."* (LH., S. 133)

---

[39] Ebd., S. 499.
[40] Ebd., S. 498.
[41] Hellinghausen, Georges: Kirchliche Streiflichter um den 10. September 1944. In: D'Amerikaner sinn do! September 1944. Luxembourg: éditions Saint Paul 2005, S. 43.
[42] Siehe Anhang III.

Doch die Äußerung der Bevölkerung war nicht die vom Gauleiter erwartete; die Befragung wurde wegen „erhebliche[r] Unklarheiten" (LH., S. 135) abgeblasen. Bald wusste jeder warum: „Es sickerte nämlich durch, daß bei Stichproben von Fragebogen, die sowohl in Luxemburg und Esch als auch auf dem flachen Lande bereits am 9. Oktober eingesammelt worden waren, über 96 Prozent in den Städten und rund 98 Prozent auf dem Lande die deutsche Volkszugehörigkeit abgelehnt hatten, darunter auch einige Hoheitsträger der Volksdeutschen Bewegung." (ebd.) Auch die symbolischen Äußerungen des Unmuts häuften sich im Rahmen der Personenstandsaufnahme (vgl. LH., S. 134), denn die „Nazis [fuhren] bewußt einen kommunikativen Kollisionskurs."[43] [H]atte man sich anfangs vorgestellt, daß man durch geschickte Propaganda das arische Blut der „Volksdeutschen" und nur oberflächlich durch eine Verräterclique „verwelschten" Luxemburger schnell zum Wallen bringen würde[44], so wurden nach dieser Beschämung des Gauleiters immer mehr Artikel publiziert „in denen es von ungeheuerlichen Drohungen an die luxemburgische Bevölkerung, vor allem aber von unflätigem Unrat an die Adresse der großherzoglichen Familie nur so wimmelte." (LH., S. 135)

„Sie suchten nicht den kommunikativen Ausgleich sondern die ideologische Konfrontation."[45] Wer sich nicht fügen wollte, dem wurde nun unverhohlen gedroht; erste Todesurteile wurden ausgesprochen und vollstreckt und es hieß unmissverständlich an die Adresse einer „gewisse[n] intellektuelle[n] Schicht": „Die Ausmerzung dieser überheblichen Zeitgenossen ist nun in vollem Gange." (LH., S. 136)

Die Umfrage wurde später sogar einfach vom Gauleiter dementiert: „Ich sage Ihnen, in Luxemburg findet niemals eine Abstimmung darüber statt, ob die Lützelburger zum Reich wollen oder nicht. (...) [D]ieses Land ist durch deutsches Blut erworben und erhalten worden, es wird deshalb auch in alle Ewigkeit deutsch bleiben." (LH., S. 163) Und da Hitler Soldaten brauchte, wurde man in Luxemburg schnell hellhörig als keine fettgedruckten Meldungen von erfolgreichen Offensiven im Osten mehr die Titelseiten der Zeitungen einnahmen und Simon verlautbarte, dass man „aus einem typisch Deutschen (...) überhaupt nur einen guten Soldaten machen" (LH., S. 105) könne. „In fast allen großen Reden ging Simon auf das Thema ein. Dabei versuchte er mit ausfälligen Bemerkungen gegen Pazifismus, Demokratie und die Unabhängigkeit Luxemburgs, die Freiwilligen und ihre „Wehrhaftigkeit" als die einzig richtige Haltung darzustellen."[46] In der Bevölkerung herrschte die Meinung, dass die

[43] Hoffmann: 1839-1989, S. 157.
[44] Ebd., S. 156.
[45] Ebd., S. 157
[46] Dostert: Luxemburg, S. 170.

Einführung der Wehrpflicht für das kleine Land ein Indikator für die schlechte militärische Lage des Dritten Reiches sei. (vgl. ebd.) Die Propaganda musste also gleichzeitig diese Meinung kontern und zugleich für die Armee werben, solange noch keine Wehrpflicht bestand. In der Regel wurde die Kraft des Reiches betont um Hoffnungen auf Befreiung zu ersticken und man versuchte die „partikularistischen" Luxemburger zu erniedrigen indem man sie „beim Stolz" packte und intellektuelle Überlegenheit demonstrierte. Das Gerücht um die Wehrpflicht, so die Propaganda, stehe „auf der gleichen Ebene wie das Gerede von einem englisch-amerikanischen Sieg. Das ist ein Argument für Narren. Das Reich braucht die Luxemburger Soldaten nicht." (LH., S. 162) In einem anderen Text wendete Simon sich an „jene Waschlappen, denen das Herz in die Hose fällt, wenn sie im Schaufenster eine Militäruniform sehen, in der noch kein Mann steckt"(ebd.): „Das Deutsche Reich ist volkreich genug, den Krieg aus eigener Kraft zu Ende zu führen und zu gewinnen." (ebd.) Auffällig ist, dass Luxemburg, wohl um ein Gefühl des Ausgeschlossenseins von der so gern heraufbeschworenen „Schicksalsgemeinschaft" zu provozieren, plötzlich nicht mehr zum Reich dazugezählt wurde.

Eben dieses Gefühl wird dann wieder beim Gerede vom „Endkampf gegen den Bolschewismus" (LH., S. 163) in einem pathetischen Werbetext für Kriegsfreiwillige instrumentalisiert: „Man soll uns in der Zukunft nicht den Vorwurf machen, die Lützelburger Männer hätten in dem größten Ringen der Weltgeschichte feige und ängstlich beiseitegestanden, sie seien Pazifisten gewesen." (ebd.) Der Text strotzt von dem, was C. Sauer ein „Hecheln um Einverständnis"[47] nennt. „Ich kann an diesen Pazifismus nicht glauben, denn ich weiß, die Lützelburger Männer legen es nicht darauf an, ungefährlich zu leben, denn sie sind Männer gleichen Blutes wie wir, und unter Männern heißt der erste Grundsatz unseres Lebens: `Lebe gefährlich!`" (ebd.) „Einige Begriffe, die im allgemeinen Sprachgebrauch entweder negativ (-) oder positiv (+) besetzt sind, erfahren eine Umpolung"[48]: Hier wären dies z.B. Pazifist, Pazifismus + - und gefährlich - +. „Erst mit der Übernahme dieses Wortschatzes können Adressaten die Schlußfolgerung des Textes übernehmen (...) [und können] andere Wahrnehmungsmodelle, in die der Krieg als Druck, Terror, Hegemoniestreben (...) eingebaut ist"[49] verdrängt werden.

Der Rest des Textes bemüht sich die wirtschaftlich und sozial „günstigen Auswirkungen der Volksgemeinschaft für die Lützelburger" (ebd.) ins Rampenlicht zu stellen: „Wie wäre es um Euch bestellt, wenn nicht ein Nationalsozialist dem Führer für Euer Schicksal verantwortlich

---

[47] Sauer: Nazi-Deutsch, S. 267.
[48] Ebd., S. 268.
[49] Ebd., S. 267.

wäre, sondern an eurer Spitze ein großherzogliches Ministerium stünde?" (LH., S. 164) Ignoriert wird die Tatsache, dass der schlechten Lage der Überfall auf das Land vorausging.

„Der sprachpolitische Eingriff in die Aneignung von Erfahrung bezieht sich hier auf die Aufrüttelung (...) aus einer Haltung, mit der der Besatzer offensichtlich unzufrieden ist."[50] Die Freiwilligenwerbung war, auch dank der Mithilfe des VdB, keineswegs erfolglos; man erreichte ähnliche Quoten wie in den Niederlanden und Belgien, und im Vergleich zu besetzten Gebieten mit ähnlicher Verwaltung (Elsaß und Lothringen) nahm Luxemburg die „traurige Spitzenposition" ein.[51] „Da es des Weiteren nicht möglich war, Luxemburger und in Luxemburg lebende Reichsdeutsche zu unterscheiden, läßt sich nur vermuten, daß der hohe Prozentsatz an Reichsdeutschen in der Bevölkerung (1942: 11 123 Personen bezw. 4%) nicht ohne Einfluß auf das Ergebnis gewesen ist."[52]

Doch schon der obligatorische RAD bewirkte die Flucht von jungen Männern zu den alliierten Streitkräften. „Schließlich erwies sich nur die Einführung der allgemeinen Wehrpflicht als das geeignete Mittel, die Luxemburger für Deutschland zum Einsatz zu bringen, wenn auch nur mit Zwang und Gewalt."[53] Den Besetzten wurden über die Jahre „etliche Verlockungen zuteil" und „die deutsche Politik [setzte] auf eine >freiwillige< Germanisierung"[54] und den pragmatischen Überlebenswillen der Bevölkerung. Diese reagierte größtenteils abwartend und der organisierte Widerstand hatte seine Mühe zur überlegenen deutschen Propagandamaschine „durch Flugblätter und Untergrundzeitungen ein Gegengewicht zu schaffen und die oftmals schwankende Meinung wieder zu festigen (polemischer Widerstand)."[55]

Der „Kampf um die Köpfe" derjenigen, die sich noch nicht mit Leib und Seele der Sache des VdB und der Zivilverwaltung verschrieben hatten, war aber verloren nachdem die Wehrpflicht eingeführt worden war. Erstmals wurde deutlich, dass das Reich mehr von den Luxemburgern verlangte, als es ihnen bieten konnte. „Schon am darauffolgenden Tag kam es in verschiedenen Ortschaften zu Streiks."[56] (vgl. auch LH., S. 176ff.) Diesmal war der organisierte Widerstand nicht einmal dafür verantwortlich zu machen; es war „die spontane Reaktion der Luxemburger auf Simons „Annexion der Menschen".[57] „Die Ortsgruppenleiter bekamen bündelweise Mitgliedskarten der Volksdeutschen Bewegung zurückgeschickt, die

[50] Ebd., S. 169.
[51] Vgl. Dostert: Luxemburg, S. 172
[52] Ebd.
[53] Ebd., S. 171.
[54] Sauer: Nazi-Deutsch, S. 257.
[55] Dostert: Luxemburg, S. 254.
[56] Ebd., S. 175.
[57] Ebd., 254.

freiwillige Einsammler zusammengetragen hatten" (LH., S. 177). Viele versuchten sich der Armee zu entziehen, bei Abfahrten von Zwangsrekrutiertenzügen kam es zu dramatischen Szenen. „Man sang trotz Wehrmachtskapelle laut hörbar luxemburgische Lieder, zerstörte den Schmuck an den Eisenbahnwagen und scherte sich nicht um die mit dem Revolver herumfuchtelnden deutschen Offiziere (...). Schließlich demolierten die jungen Rekruten noch während der Fahrt nach Trier einige Eisenbahnwagen."[58] Die Zivilverwaltung reagierte mit Terror, den berüchtigten Standgerichten (allein 20 Todesurteile nach den Streiks) und Strafkompanien, bei Desertionen mit der Umsiedlung ins Reich oder in Ostgebiete, der Einziehung des Familienvermögens und der Begünstigung von Denunziaton.[59]

Hochburgen der nun an Zulauf gewinnenden Resistenz waren vor allem die sozialdemokratisch und kommunistisch ausgerichteten Industrie- und Bergarbeiterortschaften im Süden des Landes, an der Grenze zu Lothringen, wo sich viele Kriegsdienstverweigerer versteckten oder mit entlaufenen alliierten Kriegsgefangenen den Weg zum französischen Widerstand oder den alliierten Armeen fanden. Hier entstanden auch bis zum Kriegsende geheim gehaltene Druckereien, die immer wieder Flugzettel verbreiten konnten.[60] Die Besatzer sprachen von den Südluxemburgern als einem „separatistischen, deutschfeindlichen Erzbrechergesindel, das zu Handgreiflichkeiten neigte"[61].

Freilich muss auch relativiert werden, die deutsche Propaganda hatte bei nicht wenigen sozialen Gruppen verschiedenste Hoffnungen aufkeimen lassen; der fast schon mythisierte Kampf um die Unabhängigkeit Luxemburgs in der patriotischen Nachkriegsliteratur hält einer sachlichen Betrachtung nicht stand. Neben der Propaganda führte oft der schlichte Überlebenswille zur Kollaboration mit den Nazis. „Es ist im übrigen auffallend, wie oft in ein und derselben Familie neben der Resistenz auch die Kollaboration vertreten ist, ein typisches Verhalten der Absicherung nach beiden Seiten hin in einem Augenblick, wo eine Entscheidung für die Resistenz allein zu große Risiken barg."[62] Doch, mit der „Verschärfung der Politik des Gauleiters und der Entwicklung der Kriegsereignisse gewann die Resistenz an Einfluß und Wichtigkeit."[63] Der Konsens in der Bevölkerung, die Jugend nicht für diesen Krieg herzugeben, führte bei der breiten Masse zur Mithilfe an einem defensiven Widerstand.[64] 34,5 % der Einberufenen gelang es sich dem Zugriff der Wehrmacht zu

---

[58] Ebd., S. 176.
[59] Vgl. Ebd., S. 176-179.
[60] Vgl. Lorang, Fernand: „A heartily welcome to our Liberators". 10. September 1944 – An der Südspëtz vum Land. In: D'Amerikaner sinn do! September 1944. Luxembourg: éditions Saint Paul 2005, S. 69f.
[61] Zitiert in: ebd., S. 70.
[62] Dostert: Luxemburg, S. 252.
[63] Ebd., S. 255.
[64] Vgl. Ebd.

entziehen, unter den dennoch zwangsrekrutierten Luxemburgern findet sich mit der größte Prozentsatz an Deserteuren und Überläufern.[65] Sowohl die Propaganda als auch der Terror der Zivilverwaltung scheiterten an einer nie zuvor gesehenen Solidarität, in der die „nationale Komponente"[66], vor allem natürlich die luxemburgische Sprache, im Gegensatz zum „Deutschtum" enorm wichtig wurde.

5. Fazit

Es stellte sich heraus, dass die hundert Jahre Eigenstaatlichkeit doch nicht so unbedeutend waren, wie der Gauleiter so gern betonte. Die nationalsozialistische Propaganda war zwar mit allen Mitteln darum bemüht, diese Zeit vergessen zu machen und den Luxemburgern die Perspektive eines unter Hitlerdeutschland organisierten „neuen Europas" schmackhaft zu machen, doch die Bevölkerung verhielt sich abwartend.

Die Propaganda versuchte einen Keil zwischen die Bevölkerung und die Exilregierung in London zu treiben, meistens passierte dies in Schmutzkampagnen. Die Verbundenheit mit Deutschland sollte durch Bezug auf das Deutsche Reich des Mittelalters und der frühen Neuzeit hergestellt werden. Noch wichtiger aber war das sprachlich in fast jeder Rede antizipierte glorreiche Zukunftsbild. Verschiedene gesellschaftliche Gruppierungen, die nicht von Anfang an mit Begeisterung hinter der Besatzungsmacht standen, konnten durchaus durch die intensive Propaganda gewonnen werden, doch oft war soziale und wirtschaftliche Berechnung dahinter. Unter der ungünstigen und unsicheren Situation der Besatzung und des Krieges konnten solche Hoffnungen schnell in Enttäuschung umschlagen; „bei der Option des Scheiterns hörte die Gefolgschaft auf."[67]

Um Erfolge verbuchen zu können griff die Zivilverwaltung immer öfter auf Zwang und Gewalt zurück, schlug einen „kommunikativen Kollisionskurs" ein. Je schlechter die militärische Lage für das Dritte Reich wurde, desto härter wurde schon bei kleinsten Zuwiderhandlungen durchgegriffen. Eine Explosion der Gewalt –Verschleppungen durch die Gestapo, Umsiedlungen, Todesurteile- zog der Streik von 1942 nach sich.

Spätestens die Einführung der Wehrpflicht für die luxemburgische Jugend zeigte, wo die Loyalitäten lagen. Keine noch so intensive Propaganda brachte es mehr fertig die „günstigen Auswirkungen der Volksgemeinschaft für die Lützelburger" überzeugend zu vermitteln während die Todesanzeigen von jungen Männern, die an die Ostfront geworfen worden waren, sich in den Zeitungen häuften.

---

[65] Vgl. Ebd., S. 178-181.
[66] Ebd., S. 251.
[67] Ehlich: Faschismus, S. 23.

Nicht die „Schicksalsgemeinschaft" mit dem Reich, sondern ihre eigenen nationalen Interessen traten den Luxemburgern im Kontext der Besatzung immer deutlicher, sogar deutlicher als je zuvor vor die Augen. Äußerungen fanden diese Interessen immer öfter in der eigenen Sprache (auf Flugzetteln, in Protestliedern), auf der man um so sturer beharrte, je öfter in der Propaganda das Deutschtum Luxemburgs unterstrichen wurde.

Der Widerstand artikulierte sich über das Luxemburgische. „Zahlreiche Patrioten gaben [zum ersten Mal in der Geschichte] ihr Leben für Luxemburg. Seit dem Zweiten Weltkrieg ist es deshalb völlig undenkbar, die Unabhängigkeit des Landes in Frage zu stellen. Staat und Nation sind eins."[68] Die Nation definiert sich im Wesentlichen über die Sprache, doch „bedurfte es des erstärkenden Nationalgefühls und der diesbezüglichen patriotischen Emotionalisierung durch den zweifachen Überfall und Neutralitätsbruch von Seiten der Deutschen, um den deutschen Dialekt als Sprache der Luxemburger seiner eigenen Hochsprache entgegenzustellen."[69]

Die Folge der Besatzungspolitik war, dass die Sprache der Besatzer und ihrer Propaganda einen enormen Rückgang und Prestigeverlust in Luxemburg erlitt. Aus dem Parlament verschwand es nach der Befreiung ganz und an seine Stelle trat „das von der Verfassung als Amtssprache nicht zur Kenntnis genommene Lëtzebuergesch."[70] Zur offiziellen Landessprache wurde das Luxemburgische 1984 dann ironischerweise wieder durch Nazipropaganda. Die deutsche neonazistische Zeitung *Deutsche Nationalzeitung* publizierte 1980 einen Artikel, in dem die luxemburgischen Zwangsrekrutierten als deutsche Helden gefeiert worden waren, die nach dem Krieg verfolgt worden wären und deren Deutschtum von einer fremdsprachigen Regierung unterdrückt werde. Auf Druck der empörten Wehrmachtsveteranen kam es dann zum Sprachengesetz von 1984.[71]

---

[68] Dostert: Luxemburg, S. 255.
[69] Hoffmann: 1839-1989, S. 152.
[70] Ebd.
[71] Vgl. Newton: Lëtzebuergesch, S. 208.

6. Literatur

6.1. Quellen

- Delcourt, Victor: Luxemburg unter dem Hakenkreuz. Erinnerungen an die Kriegsjahre 1940-1944. Luxemburg: Éditions Emile Borschette 1988.

6.2. Sekundärliteratur

- Blau, Lucien: Histoire de l'extrême-droite au Grand-Duché de Luxembourg au XXe siècle. Esch-sur-Alzette: Polyprint 1998.

- Dostert, Paul: Luxemburg zwischen Selbstbehauptung und nationaler Selbstaufgabe. Die deutsche Besatzungspolitik und die Volksdeutsche Bewegung 1940-1945. Inaugural-Diss. Zur Erlangung der Doktorwürde der Philosophischen Fakultät der Albert-Ludwigs-Universität zu Freiburg i.Br.. Luxembourg: Imprimerie Saint-Paul 1985.

- Ehlich, Konrad: Über den Faschismus sprechen – Analyse und Diskurs. In: Sprache im Faschismus. Hrsg. v. Konrad Ehlich. Frankfurt am Main: Suhrkamp 1995³, S. 7-34.

- Hellinghausen, Georges: Kirchliche Streiflichter um den 10. September 1944. In: D'Amerikaner sinn do! September 1944. Luxembourg: éditions Saint Paul 2005, S. 41-48.

- Hilgert, Romain: E Buch a Maansgréisst. In: Méchel Rodange: Renert. De Fuus am Frack an a Maansgréisst. Luxemburg: Editioun Guy Binsfeld 1987, S. 3-4.

- Hoffmann, Fernand: 1839-1989: Fast 150 Jahre amtlicher Zwei- und privater Einsprachigkeit in Luxemburg. Mit einem nationalsozialistischen Zwischenspiel. In: Germanisch und Romanisch in Belgien und Luxemburg. Romanistisches Kolloquium VI. Hrsg. v. Wolfgang Dahmen, Günter Holtus, Johannes Kramer, u.a.. Tübingen: Narr 1992, S. 149-164.

- Lorang, Fernand: „A heartily welcome to our Liberators". 10. September 1944 – An der Südspëtzt vum Land. In: D'Amerikaner sinn do! September 1944. Luxembourg: éditions Saint Paul 2005, S. 69-76.

- Newton, Gerald: Lëtzebuergesch and the Establishment of National Identity. In: Luxembourg and Lëtzebuergesch. Language and Communication at the Crossroads of Europe. Hrsg. v. Gerald Newton. Oxford: Clarendon Press 1996, S. 181-216.

- -: Luxembourg: The Nation. In: ebd., S. 5-38.

- Sauer, Christoph: Nazi-Deutsch für Niederländer. Das Konzept der NS-Sprachpolitik in der *Deutschen Zeitung in den Niederlanden* 1940-1945. In: Sprache im Faschismus. Hrsg. v. Konrad Ehlich. Frankfurt am Main: Suhrkamp 1995³, S. 237-288.

- Wirrer, Jan: Dialekt und Standardsprache im Nationalsozialismus – am Beispiel des Niederdeutschen. In: Sprache im Faschismus. Hrsg. v. Konrad Ehlich. Frankfurt am Main: Suhrkamp 1995³, S. 87-103.

6.3. Dokumentarfilm

- Heim ins Reich. Wëi Lëtzebuerg sollt preisesch ginn. Der misslungene Anschluss. (L, 2004, 118') Regie: Claude Lahr.